COLLECTION

DE PORTRAITS

D'HOMMES ILLUSTRES

VIVANS.

TROISIÈME LIVRAISON.

JOSEPH II.	M^e. MACAULAY.
M. D'ARANDA.	M. WIELAND.

A PARIS,

DE L'IMPRIMERIE DE MONSIEUR.

Chez
{
L'ÉDITEUR, rue des petites Écuries du Roi, au coin de celle Martel.
DIDOT jeune, imprimeur de MONSIEUR, quai des Augustins.
ROYEZ, Libraire, quai et près des Augustins.
HARDOUIN et GATTEY, Libraires, au Palais-Royal.

M. DCC. LXXXIX.

AVEC APPROBATION, ET PRIVILÉGE DU ROI.

COLLECTION

DE PORTRAITS

D'HOMMES ILLUSTRES

VIVANS.

P R É F A C E.

L'éloge des vivans n'est une tâche difficile, que lorsqu'on veut l'appliquer à des hommes médiocres. Alors il faut déployer toutes les ressources du talent et toutes les richesses de l'éloquence pour relever le mérite et la réputation de celui qu'on loue : mais s'il s'agit d'un de ces hommes rares dont le génie ait influé sur son siècle, dont l'ame forte et droite ait toujours, pour me servir de l'expression d'un écrivain célèbre, commandé le respect et l'admiration ; dont le cœur bon, compatissant, brûlant de l'amour du bien public, ait toujours guidé l'activité et les démarches, qu'est-il besoin du vain appareil de l'éloquence ? Son nom est son éloge; l'histoire de sa vie se trouve intimement liée à celle du temps où il a vécu, ou, pour mieux dire, il vit, il respire toujours dans ses bienfaits ou ses ouvrages.

D'ailleurs, en élevant un monument de reconnoissance à un citoyen distingué, on veut le faire jouir de la récompense de ses vertus, on veut le proposer pour modèle. Pourquoi affliger sa modestie, compagne inséparable du vrai mérite ? Pourquoi ne pas apprendre, ne pas répéter aux hommes, qu'ils ne peuvent être loués que par leurs actions ?

Dessiné par Bonieu Pre. du Roi, d'après le Tableau de M. Duplessis.

Gravé par N. Romanet.

LOUIS XVI.

*Quòd si vita suppeditet, principatum divi Nervæ et imperium Trajani,
uberiorem securioremque materiam senectuti seposui : rarâ temporum
felicitate, ubi quæ velis sentire, et quæ sentias dicere licet.*

TACIT. Hist. L. I. I.

Dessiné par Romain d'après un Pastel de Mr. Valade, P.tre du Roi.

Gravé par Hubert.

M. DE LAMOIGNON

DE MALESHERBES.

Simple et vraie comme celui qu'elle fait connoître, cette notice historique ne contiendra qu'un petit nombre de faits et de dates. Ils serviront peut-être à guider un jour l'historien qui, devenu plus courageux par l'éloignement des temps et des circonstances, nous offrira les annales de l'administration et de la magistrature.

Le fameux premier président du Parlement, Guillaume de Lamoignon, immortalisé par ses vertus et ses talens, eut pour fils aîné Chrétien-François de Lamoignon, d'abord avocat-général, puis président du Parlement, mort en 1709. C'est à ce dernier qu'est adressée la sixième épître de Boileau. Moins brillant que son père, il en reçut en partage les vertus du magistrat et du citoyen, qu'il a fidèlement transmises à ses descendans. Son second fils, Guillaume de Lamoignon, chancelier de France, mort en 1772, est le père de Chrétien-Guillaume de Lamoignon de Malesherbes dont il s'agit dans cette notice, et qui est né le 6 décembre 1721.

Nous ne nous arrêterons point aux premiers temps de la vie de M. de Malesherbes ; nous ne rechercherons point ce qu'il a dû être d'après ses premières dispositions, mais ce qu'il a été en effet.

Persuadé qu'un homme de son nom ne pouvoit exister pour le public, qu'au moment où il commençoit à être utile, M. de Lamoignon, alors premier président de la cour des Aides, voulut que son fils eût bientôt des occasions d'appliquer la théorie de jurisprudence qu'il avoit reçue. Il le fit nommer substitut de M. le procureur-général. Cette place, trop subalterne en apparence, étoit à cette époque l'école de la jeune magistrature, et M. de Malesherbes a prouvé, comme quelques autres, qu'on pouvoit s'y distinguer.

Il n'avoit pas encore vingt-quatre ans, lorsqu'il fut pourvu d'une charge de conseiller au Parlement, en la quatrième chambre des enquêtes, le 3 juillet 1744.

Pour savoir comment il la remplit pendant plus de cinq ans, il faut que l'historien interroge ici les magistrats ses contemporains. La gloire qu'acquiert un magistrat, ne ressemble à aucune autre. Solide et durable, parce qu'elle ne peut exister que pour le bonheur public, et qu'elle est toujours l'ouvrage du temps, elle ne se nourrit que de privations et de sacrifices ; elle est paisible et peu brillante ; elle ne se répand point au dehors ; elle occupe rarement les bouches de la renommée ; elle est entièrement concentrée dans la personne de celui qui a le courage de la mériter ; et, comme si la gloire ne pouvoit avoir de l'éclat qu'aux dépens du bonheur public et particulier, un premier magistrat même n'obtient presque jamais une grande réputation que dans des circonstances malheureuses, où ses vertus, son éloquence et ses talens sont aux prises avec l'injustice, la calomnie, l'ignorance ou la flatterie.

Cette réflexion nous conduit naturellement à l'époque où M. DE MALESHERBES succéda à son père, le 14 décembre 1750, dans la place de premier président de la cour des Aides. Il y avoit été reçu en survivance le 26 février de l'année précédente. On sait avec quelle distinction il a parcouru cette nouvelle carrière pendant près de vingt-cinq ans ; on connoît les fameuses remontrances de 1771 et 1775, et d'ailleurs il existe un recueil de tout ce que M. de MALESHERBES a fait en qualité de premier président de la cour des Aides, qui est peut-être le meilleur ouvrage qu'il y ait en aucune langue, en matière d'impositions. Ainsi il nous paroît inutile de nous arrêter plus long-temps à cette partie de sa vie publique.

La même année et le même mois où il fut premier président de la cour des Aides, il reçut de son père la direction de la librairie. Cette espèce de ministère, émanation de la chancellerie, exige dans celui qui en est revêtu des qualités particulières, et qui se rencontrent rarement dans la même personne. Sans cesse entre deux écueils qu'il est difficile d'éviter, une tolérance outrée et une trop grande sévérité, le magistrat chargé de ce département doit concilier la rigueur des lois qui le guident, avec la liberté qu'on ne sauroit, sans injustice, refuser aux productions de l'esprit. Il faut que les gens de lettres trouvent en lui un appui, un conseil, un père ; qu'il soit toujours prêt à les entendre et à les encourager, et que, s'il est forcé de les reprendre, ce soit avec cette douceur que la raison a toujours dans la bouche d'un ami ; il faut qu'il ait vécu et qu'il vive avec eux ; il faut qu'il soit homme de lettres lui-même, et bien plus encore, qu'il réunisse assez de connoissances dans tous les genres, pour parler à chacun le langage qui lui convient, parcourir avec intérêt les productions nouvelles, et choisir avec discernement ceux qu'il en fait juges. Jusqu'à quel point M. DE MALESHERBES a-t-il ressemblé à ce portrait ? C'est aux gens de lettres à le dire.

Le 12 juillet 1775, il donna sa démission de la première présidence de la cour des Aides, et, dans le même mois, il fut nommé ministre et secrétaire d'état, à la place de M. le duc DE LA VRILLIÈRE. En se chargeant de ce département, qu'on étoit accoutumé à regarder comme peu considérable, M. DE MALESHERBES prouva combien il pouvoit devenir important pour

le

le bonheur de la nation. Ces temps sont trop voisins de nous, pour qu'il soit nécessaire de rappeler ici les réformes ou les établissemens qu'on lui dut pendant la courte durée de son ministère : on se souviendra sur-tout avec reconnoissance qu'armé de toute la force du pouvoir, il ne voulut s'en servir que pour l'éclairer, de manière qu'il ne pût jamais devenir une arme dangereuse dans les mains de celui qui en est revêtu.

Frappé de la multitude d'abus dont il étoit entouré, de l'impossibilité de les détruire sans de grands travaux préliminaires ; enflammé du désir de se livrer tout entier à différens projets de bien public ; indifférent sur la gloire qui pouvoit lui en revenir ; voyant que les occupations de sa place ne lui permettoient pas de mettre la suite nécessaire aux travaux qu'il méditoit, et que, de long-temps peut-être, il ne lui seroit possible d'effectuer le bien qu'il désiroit avec ardeur, il donna sa démission le 12 mai 1776. Mais en quittant un théâtre brillant, où sa modestie s'étonnoit de se trouver, et où il avoit été appelé par la voix publique, il semble n'avoir pas cherché le repos qu'il avoit mérité, et il ne cesse de s'occuper, dans le silence de la retraite, d'objets importans pour le bien de ses concitoyens et de l'humanité (1).

Nous ne le troublerons point par des éloges qui répugnent également à son cœur et à son esprit ; c'est aux trois académies de la capitale (2), qui l'ont admis successivement dans leur sein, à nous faire connoître les motifs d'un choix aussi unanime ; c'est aux agriculteurs et aux botanistes à nous apprendre ce qu'il a fait pour eux, ce qui a engagé M. Dombey à donner le nom de *Malesherbia* à l'une des plantes qu'il a découvertes ; c'est à ses amis qui le chérissent et le respectent, c'est à une famille qu'il adore, et dont il fait le bonheur, qu'il appartient de le louer. Nous avons indiqué les titres qu'il peut avoir à la renommée : la postérité le jugera.

---

(1) Cette notice a été écrite en 1786, et, depuis cette époque, le roi a rappelé M. DE MALESHERBES dans ses conseils.

(2) M. DE MALESHERBES a été nommé honoraire de l'académie royale des sciences en 1750, à la place de feu M. le duc d'AIGUILLON ; honoraire de l'académie royale des inscriptions et belles-lettres en 1759, à la place de feu M. DE LAMOIGNON, président du parlement ; et l'un des quarante de l'académie Françoise, le 16 février 1775, à la place de feu M. DUPRÉ DE SAINT-MAUR.

Dessiné par Brasier d'après le Buste de M. Houdon.   Gravé par J. Cabert.

M. DE BUFFON.

Georges-Louis le Clerc, comte de Buffon, est né à Montbard en Bourgogne, en 1707, de Benjamin-François le Clerc, seigneur de Buffon, conseiller au Parlement de Bourgogne.

Elevé dans la maison paternelle, sous un instituteur particulier, son goût pour les hautes sciences se manifesta de très-bonne heure ; à l'âge de dix-sept ans il avoit cultivé de lui-même, et sans maître, la géométrie, et à dix-neuf il étoit en correspondance avec les plus célèbres mathématiciens de l'Europe ; il trouva dès ce temps le binome de Newton, sans avoir aucune connoissance des ouvrages de ce grand homme.

Il voyagea, dès l'âge de vingt ans jusqu'à vingt-six, en France, en Italie. Il ne tarda pas à être appelé à l'académie des sciences, par MM. Clairaut et Maupertuis, auxquels il avoit envoyé des solutions de problêmes difficiles.

Il se livra tout entier à l'étude des hautes sciences, et celle de la nature faisoit l'objet de ses recherches et de ses plus douces occupations. Peu de temps après, il fut admis à la société royale de Londres, et depuis à l'académie de Berlin, et à presque toutes les académies de l'Europe.

A l'âge de trente-un ans, nommé à l'intendance du jardin du Roi, il conçut le projet d'y réunir les productions de la nature dans tous les règnes ; ce jardin n'étoit rien alors ; il est le plus beau et le plus utile de l'univers, les cabinets renferment des richesses inappréciables, presque toutes offertes en tribut d'hommage à la grande réputation de celui qui formoit cette étonnante et vaste collection.

En 1743, il développa son grand plan sur l'histoire naturelle ; ensuite parurent successivement sa théorie de la terre ; son traité de la formation des planètes, qui sert de fondement aux époques de la nature ; son systême sur la production des êtres en général, et en particulier sur la génération des animaux ; enfin l'histoire de l'homme et des variétés de l'espèce humaine, le tout réuni en 1749, en 3 vol. in-4°.

M. de Buffon s'occupa pendant dix ans de l'histoire des quadrupèdes, publiée en douze autres volumes in-4°. Il ne cessa ensuite de faire des expériences relatives à son idée sur le refroidissement du globe ; ces expériences avoient pour but de connoître le temps de la communication et de la déperdition de la chaleur ; elles forment deux volumes sous le titre de supplément.

De l'histoire des quadrupèdes, M. DE BUFFON a passé à celle des oiseaux, aujourd'hui achevée; l'histoire de l'homme a formé plusieurs supplémens, ainsi que celle des quadrupèdes. Le livre des époques de la nature doit être considéré comme la conclusion de son systême général sur la théorie de la terre.

La partie si difficile et si compliquée des minéraux, a fixé particulièrement son attention; elle a été traitée d'une manière très-détaillée et constamment soutenue par de grandes vues, et des traits de génie et de philosophie qui répandent le plus grand intérêt sur une matière, en apparence si ingrate; cet ouvrage forme 4 volumes in-4°. Enfin, dans le commencement de cette année 1788, malgré ses infirmités, malgré son grand âge et les travaux des nouvelles constructions qu'il fait exécuter sous ses yeux dans le jardin et les cabinets du roi, il a publié une théorie absolument nouvelle et sublime sur l'aimant, en 1 volume in-4°, enrichie de cartes magnétiques, dont la navigation pourra tirer le plus grand parti.

Le peu d'étendue de ces notices ne nous permet pas d'offrir un résumé des travaux immenses de M. DE BUFFON; ses ouvrages sont entre les mains de tout le monde, et il a été jugé par son siècle comme il le sera par la postérité. C'est à lui que nous devons le goût, aujourd'hui si généralement répandu, de l'étude de l'histoire naturelle; aucun écrivain n'a plus ajouté aux richesses de notre littérature; il a donné à notre langue un des plus beaux ouvrages dont elle puisse se glorifier, et le monument qu'il a élevé étoit sans modèle : ce sujet et le style appartiennent également à l'auteur (1), et il a créé son genre d'éloquence, comme il a créé sa méthode.

---

(1) M. DE BUFFON a été reçu à l'académie Françoise en 1753.

M. FRANKLIN.

BENJAMIN FRANKLIN est né à Boston en 1706. Dès qu'il eut atteint l'âge de choisir un état, il se détermina pour la profession de libraire, qui, naturellement liée avec les arts et les sciences, ne devroit être exercée que par ceux qui les cultivent, ou du moins par des hommes capables d'apprécier et respecter les talens.

Une veuve riche et vertueuse lui donna son cœur et sa main, et comme ses domaines étoient situés en Pensylvanie, les deux époux s'y transportèrent. Fixé dans ce séjour de la philosophie-pratique et de la tolérance, M. FRANKLIN en adopta facilement tous les usages. Sa réputation l'avoit précédé dans sa nouvelle patrie, où ses talens connus furent bientôt mis en usage. La direction générale des postes lui fut confiée par le gouvernement Anglois, et il établit un si bel ordre dans cette partie de l'administration, que, dès ce moment, on le jugea digne des emplois les plus importans. Dès qu'il fut chargé des affaires publiques, il se renferma dans le cercle de ses devoirs : mais comme il n'avoit point de goût frivoles, il faisoit son délassement de la physique, dans les loisirs que lui laissoient ses fonctions.

En 1746, le phénomène de l'électricité exerça la sagacité de tous les physiciens. Le tube électrique de COLLINSON tomba par hasard entre les mains de M. FRANKLIN. Cette découverte excita sa curiosité, et quoiqu'il ne fût point informé des expériences faites en Europe, il fit les siennes à Philadelphie, et il y joignit ses réflexions, qui, publiées sans sa participation, firent connoître tout ce qu'on pouvoit attendre de son génie.

Mais ses vues étoient constamment tournées vers l'utilité publique, et c'est ainsi qu'il parvint à la découverte importante des conducteurs ou paratonnerres. On lui dut également l'ingénieuse analyse de la bouteille de Leyde, et le rapprochement de l'électricité céleste à l'électricité terrestre. Ses hypothèses sur l'aurore boréale suffiroient pour lui assigner un rang distingué parmi les physiciens. Il s'est toujours plu à communiquer ses idées et ses découvertes, et l'influence de son exemple avança dès-lors, d'une manière surprenante, les progrès des sciences en Pensylvanie. Il s'y forma bientôt une société philosophique, qui, dès la seconde année, publia un volume de ses mémoires, et les colonies, excitées par une noble émulation, s'empressèrent de s'agréger à ce corps académique, dont M. FRANKLIN fut nommé président, après en avoir été le créateur.

Pénétré de l'amour de l'humanité, il regarda toujours comme ses frères

les hommes de toutes les sectes et de tous les pays. Jeté au milieu des
Quakers, il se dépouilla des préventions des peuples de l'Europe sur le
compte de ces hommes singuliers, mais vertueux. Ils avoient donné la
liberté à tous leurs esclaves : les autres sectes ne suivirent point un si bel
exemple, et M. FRANKLIN publia une brochure éloquente, adressée à
toutes les colonies, sur l'usage des esclaves. Elle produisit l'effet qu'il s'en
étoit promis ; une loi fut promulguée pour établir sur chaque tête de
Nègre une taxe si forte, qu'elle équivaloit à une prohibition entière.

Convaincu que l'aisance particulière et publique résulte des détails éco-
nomiques de tous les genres, M. FRANKLIN s'exerça sur des sujets en
apparence minutieux. Le bois de chauffage étant cher dans plusieurs villes,
en raison de la main-d'œuvre, le poêle économique de Pensylvanie qu'il per-
fectionna, et dont il indiqua les moyens de se servir avec épargne, fut un bien-
fait répandu sur toutes les familles indigentes ou réduites à la médiocrité.

L'art de nager fut aussi l'objet de ses méditations. Instruit par l'expé-
rience, il se déclara pour l'inoculation, répondit à toutes les objections
des incrédules, et prouva, par ses calculs, que sur huit cents inoculés,
il n'en étoit mort que quatre, tandis que la petite-vérole naturelle em-
portoit la moitié de ceux qui attendoient son poison. La musique, qui est
la passion des ames douces et sensibles, lui déroba quelques instans : mais,
d'après son opinion, la musique savante est plus nuisible qu'utile. Ses idées
sur la population sont également neuves et profondes. En un mot, aucune
partie des sciences ne lui est étrangère, et toutes ses productions sont
empreintes du génie et de la vertu.

Sa réputation de probité lui avoit mérité l'estime de toutes les colonies.
A la naissance de leurs démêlés avec la métropole, sa province le choisit
pour aller en soutenir les priviléges à la cour et au parlement d'Angleterre.
Tout espoir de réconciliation lui étant ôté, il s'embarqua pour l'Amérique, après avoir prédit aux Anglois les disgraces qu'ils alloient essuyer.

Il ne nous appartient pas de suivre M. FRANKLIN dans le reste de sa
carrière ; c'est aux historiens de la plus grande révolution de ce siècle à
nous l'apprendre ; c'est à eux à nous montrer, dans le savant et l'homme
vertueux dont nous avons parlé jusqu'à présent, le plus honnête, le plus
habile et le plus éclairé des négociateurs ; c'est à eux à nous retracer les
transports et l'admiration de la France à son arrivée ; c'est à eux à nous
faire connoître les détails de ses succès. D'ailleurs, que pourrions-nous
dire ici qui ne soit su et répété tous les jours par les citoyens de toutes
les classes ? Ce beau vers qui peint si bien la vie de M. FRANKLIN, et
la force de son génie, n'est-il pas dans la bouche de tout le monde?

Eripuit cœlo fulmen, sceptrumque tyrannis.

Ce respectable octogénaire est enfin retourné dans sa patrie, où son arrivée a été une fête pour tous ses concitoyens. Les services rendus à des républicains ont souvent fait des ingrats : mais M. Franklin, par un privilége dont il étoit bien digne, n'a point éprouvé l'ingratitude de ceux qu'il avoit servis.

Dès que la nouvelle de son débarquement fut répandue, la foule empressée se rendit sur le port : tout retentit d'acclamations ; les yeux avides ne pouvoient se lasser de contempler ce vieillard vénérable, qui, après neuf ans d'absence, revenoit avec l'olivier de la paix et l'étendard de la liberté. Une décharge de toute l'artillerie, et le bruit des cloches de la ville, mêlé aux acclamations du peuple, formèrent un concert délicieux. Il fut conduit à sa maison par un cortége d'admirateurs ; ses deux petits-fils marchoient à ses côtés et le rendoient plus sensible aux honneurs qu'ils partageoient avec lui. Les jours suivans, il reçut les adresses des juges de la cité et du comté de Philadelphie, et de l'assemblée générale de Pensylvanie. Cet exemple fut suivi par les principaux officiers de la milice, et par toutes les sociétés de cette république naissante.

L'âge n'a point arrêté le patriotisme de M. Franklin ; et persuadé que tout citoyen est sans cesse débiteur de la patrie, il a consenti à lui faire de nouveaux sacrifices, pour achever l'édifice dont il peut se glorifier d'avoir posé la première pierre.

Dessiné par Bonnieu d'après un buste de M. Houdon. Gravé par E. Bovinet.

CATHERINE II, ALEXIEWNA,

Née Princesse d'Anhalt-Zerbst le 2 mai 1729, mariée le 1ᵉʳ septembre 1745 à Pierre III, Empereur, Impératrice de toutes les Russies le 28 juin 1762, veuve le 28 juillet 1762, couronnée à Moscou le 3 octobre de la même année.

> Le ciel qui LA forma pour régir des Etats,
> LA fait servir d'exemples à tous tant que nous sommes,
> Et l'Europe LA compte au rang des plus grands hommes.
>
> HENRIADE, Chant II.

Dessiné par Bonnieu d'apres le Tableau de L. M. Vanloo.

Gravé par Hubert.

M. LE BARON DE BRETEUIL.

Celui qui aime la gloire doit haïr la flatterie : celui qui aime le bien public doit la haïr encore davantage. Il ne connoît de récompense que la pure et simple satisfaction d'avoir fait le bien ; il ne veut de juges que l'opinion publique et celle de la postérité. Interprètes irréprochables de cette opinion sacrée, nous ne composerons la notice d'un Ministre actuellement en place que de simples faits. Elle en sera plus aride peut-être, mais moins suspecte, et par-là plus digne de celui qui en est l'objet.

Louis-Auguste le Tonnellier Baron de Breteuil, Chevalier des ordres du Roi, conseiller d'Etat ordinaire et d'épée, Ministre et secrétaire d'Etat au département de Paris, de la maison du Roi et du Clergé ; est né au château de Preuilly en Touraine, le 7 mars 1730. Après avoir servi dix ans dans la Cavalerie et dans la Gendarmerie, un instinct secret lui révéla qu'il étoit né pour l'administration : avant de s'y consacrer, il voulut s'instruire à l'école des nations ; et après avoir employé quelques années à parcourir dans cette vue la plus grande partie de l'Europe, il entra dans la carrière diplomatique, qu'il suivit pendant vingt-cinq ans consécutifs. Il suffit d'indiquer sommairement les différentes cours où il a résidé, pour faire connoître l'influence qu'il a eue sur les divers événemens politiques de l'Europe. Ce fut à la cour de l'Electeur de Cologne, dont les Etats servoient en ce moment de théâtre à la guerre, qu'il débuta comme Ministre plénipotentiaire ; il n'avoit encore que 28 ans. En 1760 il passa en Russie, où, dans l'espace de trois ans, il vit finir le règne d'Elizabeth ; s'écouler le court règne de Pierre III, et commencer celui de Catherine Seconde. Il fut nommé à l'ambassade de Suède plus de quatorze mois avant de quitter la Russie ; et résida ensuite quatre ans dans ce royaume, où se préparoient alors les événemens qui devoient amener la révolution de 1772. Ambassadeur en Hollande, à Naples et à Vienne, ce fut sur-tout dans cette dernière cour, où il résida neuf ans sous deux règnes, qu'il eut de plus grands intérêts à discuter. Politique sans artifice, il imprima à toutes ses négociations le caractère de la noblesse et de la bonne foi. Il présida comme médiateur au congrès de Teschen, conjointement avec l'Ambassadeur de Russie ; et l'événement a prouvé combien les puissances rivales lui avoient accordé de confiance.

De retour en France en 1783, il fut appelé au conseil du Roi, et presque aussitôt nommé secrétaire d'Etat au département de Paris, de la maison du Roi et du Clergé. Son premier soin fut de prendre connoissance des causes de la détention des prisonniers d'Etat, de s'imposer des règles contre la séduction et la surprise, de n'user de l'autorité que pour sauver l'honneur des familles, de la rendre plus indulgente que la loi ; et par cette précaution, les lettres de cachet devinrent entre ses mains des actes de bienfaisance.

Le rapport général de l'affaire des Protestans présenté par lui au Roi en 1786, la mit décidément en activité ; et ses soins, secondés par plusieurs Ministres d'Etat, et nommément par M. DE MALESHERBES, avant même qu'il eût été rappelé au Conseil, ont enfin produit cette loi à jamais mémorable, qui rend ces enfans de la patrie à leur mère.

Rien de ce qui peut intéresser le progrès des sciences et des arts n'échappe à l'active sollicitude de M. le Baron DE BRETEUIL ; l'Académie des sciences lui doit la création de deux nouvelles classes, d'histoire naturelle et de physique générale ; elle doit à sa protection un local plus spacieux pour recevoir ses riches collections. C'est lui qui a sollicité et obtenu du Roi les 12000 livres pour le prix du *flint-glass* ; ainsi que la somme considérable accordée à l'observatoire pour l'acquisition de trois instrumens capitaux qui y manquoient. Un supplément de 6000 livres fut en même-tems, et sur la demande de M. le comte de Cassini, affecté à cet établissement pour son amélioration, pour la fondation d'une bibliothèque d'astronomie, et sur-tout pour l'entretien d'élèves destinés à suivre, à toutes les heures du jour et de la nuit, les mouvemens du ciel, à faire toutes les observations qui leur sont ordonnées par l'Académie, et à rédiger l'histoire de ces observations, qui s'imprime tous les ans à l'imprimerie royale.

La bibliothèque du Roi lui est redevable de rares et utiles acquisitions. L'un de ses premiers bienfaits pour les lettres et les sciences, fut de déterminer Sa Majesté à charger l'Académie des inscriptions, de former un comité parmi ses membres, pour rendre publiques les richesses conservées dans les manuscrits de cet immense dépôt. Il a vivement suivi les projets d'améliorations et d'agrandissemens qui s'exécutent au cabinet, aux serres et aux plantations du jardin du Roi. C'est encore à son instigation que le Roi a fondé une chaire de physique expérimentale au collége royal, et a assigné une somme annuelle pour les frais des machines et des expériences. C'est encore à lui que les sciences ont l'obligation de l'établissement d'un corps de vingt-quatre ingénieurs nommés par l'Académie et brévetés par le Roi, pour la fabrication des instrumens d'optique, de physique et de mathématiques. Ses vues générales d'amélioration se sont étendues jusqu'à l'Académie royale de musique ; elle lui doit l'institution d'une école de chant et de déclamation, dont l'utilité se fait déja sentir sur les divers théâtres de la capitale, et la fondation de prix annuels pour les meilleurs poèmes lyriques.

M. le Baron DE BRETEUIL a fait peut-être plus encore pour les sciences. Il a senti que les lumières des Académies pouvoient devenir plus généralement

et

et plus immédiatement utiles, en les faisant employer par le Gouverment comme moyen actif et direct d'administration; à cette idée il en a joint une autre qu'il en a cru inséparable, celle d'interroger l'opinion publique sur les projets présentés au Gouvernement. Avant lui l'exécution de ces projets se poursuivoit dans le secret des bureaux, et il étoit même de principe de regarder comme échoué un projet publié. Il semble que son systême général d'administration, soit d'ordonner la publication de tous les projets qu'on lui présente, et de les soumettre ensuite à l'examen de celle des Académies qui peut en connoître. Prendre ce parti à l'égard de projets dont les détails, soit de théorie, soit d'exécution, sont du domaine des sciences ou des arts, c'est renvoyer ces projets aux juges les plus capables de leur assurer la sanction de l'opinion générale ; c'est les mettre sous une espèce de sauve-garde publique qui en garantit l'exécution ; c'est affranchir leur décision de ces lenteurs décourageantes que des bureaux trop chargés d'affaires ne peuvent souvent se dispenser d'opposer à des projets qui ne devoient craindre qu'un obstacle, celui qu'on n'eût pas le tems de les examiner.

Les embellissemens de Paris, ceux sur-tout qui intéressent la salubrité et la commodité publiques, sont un des principaux objets des travaux de ce Ministre. Depuis son avénement au ministère, on a vu les prisons assainies, de nouveaux marchés établis, une foule de rues ouvertes ou élargies, un nouveau pont entrepris, les quais et les ponts presque tous dégagés ; et cette grande opération, si long-tems désirée, est sur le point de s'achever. Des désirs plus vifs encore appeloient la réforme de l'Hôtel-Dieu; de vains efforts l'avoient jusqu'ici plutôt reculée que préparée. Le projet de l'effectuer n'a point été en vain présenté à M. le Baron DE BRETEUIL ; il l'a accueilli, l'a mis sous les yeux du Roi; des écrits lumineux ont été publiés par ses ordres, et l'humanité souffrante va devoir enfin à la bonté du Roi, aux soins de son Ministre , aux travaux de l'Académie, et à la bienfaisance publique, quatre asyles plus salubres et plus dignes d'une nation sensible et éclairée.

Le ministère sous lequel tout ce que nous venons de rapporter a été fait, n'a pas encore duré cinq années.

F

M. WASHINGTON.

George Washington, né à Mountvernon en Virginie, Membre du Congrès Américain, puis Général en chef des troupes Américaines, le 15 juin 1775, a remis sa commission au Congrès le 23 décembre 1783, et s'est retiré à Mountvernon. Président de la Convention tenue à Philadelphie en 1787, après laquelle il est revenu dans sa retraite à Mountvernon.

[Nous nous contenterons de donner à nos Souscripteurs cette simple note sur M. Washington, sachant qu'ils seront bientôt à portée d'avoir une autre notice plus étendue, plus complète, et beaucoup meilleure que celle que nous pourrions leur donner.]

M. SPARRMAN,
De l'Académie de Stockholm.
Dessiné d'après nature par M. Mathieu.
Gravé par Bibot.

M. SPARRMAN.

ANDRÉ SPARRMAN, docteur en médecine et professeur, membre de l'Académie royale des sciences de Stockholm, directeur du cabinet de cette Académie, membre de la Société physiographique de Lunden, de la Société littéraire et des sciences de Gothenbourg, de celle de Hesse-Hombourg, etc. est né le 16 février 1748, dans la paroisse de Lena, en Uplan, auprès d'Upsal. Son père, *Eric Sparrman*, étoit alors Pasteur de cette Eglise ; on lui confia ensuite celle de Tenstad, avec la surintendance de cinq autres paroisses adjacentes. Il est mort en 1764 ; mais sa veuve, âgée de plus de 76 ans, jouit d'une bonne santé au moment où nous écrivons ; et elle a d'autant plus de droit à être nommée dans cette notice, que la tendresse filiale du savant dont il y est question, le rend encore plus recommandable.

Nous ne nous arrêterions pas à l'origine de la famille de M. SPARRMAN, si nos recherches ne nous conduisoient à un rapprochement heureux. Elle vient de la paroisse de Sparrsetra, et trois de ses branches ont formé trois familles nobles de Suède ; celle de Sparrfald, de Sparrskœld et de Palmcron. Cette dernière branche s'est éteinte presqu'à son berceau, dans la personne d'ANDRÉ PALMCRON, qui s'appela d'abord ANDRÉ SPARRMAN, et qui fut premier médecin de la Reine CHRISTINE. C'étoit un des praticiens les plus illustres de son temps, et on lui doit plusieurs ouvrages Suédois, sur la diète, la peste, etc.

Celui qui se rend aujourd'hui si digne de porter le même nom, alla, dès l'âge de dix ans, à l'Université d'Upsal, sous la conduite et l'inspection de son frère aîné, et il y resta jusqu'à la mort de son père.

En 1765, il entreprit un voyage en Chine, et de retour dans sa patrie, il se livra avec une ardeur incroyable à l'étude des sciences, qui seules pouvoient faire son bonheur. Il soutint, sous la présidence du grand LINNÉ, son maître, une thèse de Botanique, relative aux découvertes et observations qu'il avoit faites dans son voyage.

Cette étude, jointe à celle de la médecine et de la chirurgie, occupa ses loisirs jusqu'à l'époque de son voyage au Cap de Bonne-Espérance et dans les terres australes, dont il a publié la relation en Suédois, relation qui a été traduite dans presque toutes les langues de l'Europe.

Il a essayé, depuis peu, un second voyage en Afrique : mais il a trouvé tant d'obstacles au plan qu'il avoit formé, qu'après avoir recueilli quelques observations intéressantes et quelques découvertes dans le règne animal, il est revenu en France, pour retourner en Suède par l'Angleterre.

G

On s'étonnera sans doute qu'un savant aussi jeune ait déjà mérité une aussi grande célébrité : mais nous ne nous laisserons point aveugler par notre amitié pour lui, et son éloge sera l'ouvrage de ses compatriotes et de tous les étrangers.

Nous voyons, dans sa patrie, l'Académie de Stockholm lui déférer deux fois le titre de son Président, lorsque son âge sembloit l'exclure de cette distinction. Nous ouvrons le Supplément des Plantes de LINNÉ, et nous y appercevons (page 41) la description d'une nouvelle plante qui porte son nom (SPARRMANIA). La description donnée par LINNÉ (Mémoires de l'Académie de Stockholm) d'une nouvelle espèce de bruyère, qu'il appelle ERICA SPARRMANNI, est un nouvel hommage à ses talens. Nous lui voyons confier la direction du cabinet de l'Académie ; M. le chevalier CARLSON le met à la tête de la belle collection qu'il a formée : une foule d'amis et de malades craignent son absence, et ne cessent de le rappeler parmi eux.

Nous voyons les étrangers s'empresser de lui déférer tous les honneurs littéraires ; le célèbre BANKS lui offrir de venir s'établir à Londres, aux conditions les plus avantageuses, pour décrire son cabinet ; ses ouvrages connus et traduits dans toute l'Europe ; ses observations et ses découvertes citées par *Pallas*, *Pennant*, *Bergmann*, *Linné*, etc. nous sommes les témoins de l'accueil qui lui a été fait à Paris, et nous avons nous-mêmes admiré ses talens et sa modestie.

Pouvions-nous ne pas admettre dans notre collection un homme qui avoit tant de titres pour y figurer ?

Nous croirions n'avoir donné qu'une Notice incomplète, si nous ne la terminions par une liste des principaux ouvrages de M. SPARRMAN. Leur nombre étonnera sans doute, quoique nous ne les citions pas tous.

1°. Les deux discours qu'il a prononcés, en qualité de Président de l'Académie de Stockholm. Le premier traite des avantages que les sciences, et sur-tout l'Histoire naturelle, ont retirés et retireront encore des recherches dans la mer Pacifique. Le second a pour objet l'utilité des cabinets d'Histoire naturelle en général, et du cabinet de l'Académie de Stockholm en particulier.

2°. Dans les MÉMOIRES DE L'ACADÉMIE DE STOCKHOLM :

1. Description d'une plante parasite d'un nouveau genre, qu'il appelle *Sarcophyta sanguinea*.

2. De l'*Ekebergia Capensis*, ainsi appelée du nom de M. EKEBERG, qui, le premier, apporta de la Chine, en Europe et en Suède, la plante du thé vivante, en 1763.

Ce même M. EKEBERG avoit communiqué plusieurs observations botaniques au grand LINNÉ, et avoit donné à M. SPARRMAN le plan de son Voyage au Cap.

3. De la *Protea*, qu'il nomme *Sceptrum Gustavianum*, nouvelle espèce superbe, trouvée au Cap.

4. *Cimex paradoxus*, avec figures et description.

5. Quarante espèces de Charançons, presque toutes nouvelles, et découvertes au Cap par l'auteur.

6. Description du *Viverra - Katel* du Cap.

7. Quelques remarques sur la *Didelphis* du Cap.

8. Du Rhinocéros à deux cornes.

9. De l'Hippopotame.

10. Du grand Buffle du Cap.

11. Du Gnu, espèce d'Antilope.

12. De l'*Antilope Dorcas.*

13. De l'*Antilope Orix.*

14. Deux Lézards d'Amérique, *Lacerta sputator*, et *Lacerta bimaculata.*

15. *Mus Pumilio* du Cap.

16. Observations sur le Lézard d'Amboine, dont M. *Hornstet* avoit communiqué la description et la figure à l'Académie.

17. Expériences faites avec l'eau de la mer, à la hauteur des Açores, qui furent ensuite confirmées par BERGMANN. Nous observerons, à l'occasion de ce mémoire, que l'auteur, quelques jours après son arrivée à Paris, assistant à une leçon de M. DARCET, sur l'analyse des eaux, eut la satisfaction de s'entendre citer. M. DARCET ne fut pas peu surpris, lorsque après la leçon on lui présenta l'auteur dont il venoit d'invoquer le témoignage.

18. Mémoire sur de petits vers des intestins, reconnus pour des larves, et qui se changèrent en *Musca meteorica.*

3°. Dans les MÉMOIRES DE LA SOCIÉTÉ DE GOTHENBOURG:

1. Description du *Sciurus Favensis*, nouvelle espèce d'Écureuil.

2. Du *Lacerta t' Geitje*, Lézard très-venimeux du Cap de Bonne-Espérance.

3. Mémoire sur la formation des îles.

4. Explication des courans contraires de la mer et de l'air.

5. Pourquoi trouve-t-on presque toujours de l'eau douce, en creusant sur le bord de la mer ?

4°. Dans les ACTES D'UPSAL:

1. Deux plantes de la mer du Sud, apportées par M. SPARRMAN, semées et ayant germé à Upsal : la première, *Mimosa simplex* ; et la seconde, *Lapidum tetandrium* de la Nouvelle-Zélande.

2. *Cleome juncea*, nouvelle espèce de *Cleome* du Cap de Bonne-Espérance.

5°. Dans les TRANSACTIONS PHILOSOPHIQUES : *De Cuculo indicatore.*

6°. Dans les MÉMOIRES DE L'ACADÉMIE DE PÉTERSBOURG: *De pene Rhinocerotis bicornis.*

7°. OUVRAGES SÉPARÉS:

1. Voyage au Cap de Bonne-Epérance et autour du monde.

2. *Musæum Carlsonianum*, l'un des plus beaux ouvrages d'Ornithologie qui aient été publiés. Il y en a déja trois livraisons.

3. Pendant son voyage vers le pôle méridional, M. SPARRMAN a traduit en anglois le livre Suédois de M. le chevalier ROSENSTEIN, sur les maladies des enfans. Il a été imprimé à Londres, sous le titre de *Diseases on Childern and their Remedies.*

4. Toutes les plantes découvertes pendant le voyage de la mer du Sud ont été décrites, selon la méthode de LINNÉ, par M. SPARRMAN. C'est ce que M. FORSTER le père avoue honnêtement dans la préface de ses *Nova Plantarum genera.* Le fils de ce savant n'est pas moins reconnoissant ; il a dédié à M. SPARRMAN, l'essai qu'il a publié sur ces plantes, et il en parle avec l'enthousiasme de l'amitié, dans son Voyage autour du monde.

5. *Iter in Chinam, dissertatio academica, habita Upsaliæ,* etc. Cette dissertation est très-curieuse.

Dessiné par Mollard, d'après le Buste de Mr. Brista.

Gravé par Hubert.

JOSEPH II DE LORRAINE,

Archiduc d'Autriche, né le 13 mars 1741, élu Roi des Romains le 27 mars 1764, couronné le 3 avril suivant, Empereur le 18 août 1765, Roi de Hongrie et de Bohême, et Souverain des États d'Autriche le 29 novembre 1780, marié le 6 octobre 1760 à Isabelle de Parme, veuf le 28 novembre 1763, remarié le 23 janvier 1765 à Marie-Joseph-Antoinette de Bavière, veuf le 28 mai 1767.

L'Empire se maintint par la grandeur du chef: le Prince étoit grand, l'homme l'étoit davantage.
Esprit des Lois. Liv. xxxi. Chap. xviii.

F

Dessiné par Beaucu Peintre du Roi, d'après une Miniature.

Gravé par Malœuvre.

M. D'ARANDA.

Pierre-Paul Abarca de Bolea-Ximenez de Urcea, etc. Comte d'Aranda, Marquis de Terrea, etc. etc., de la première Noblesse de naissance en Aragon, Grand-d'Espagne de la première classe, Chevalier de l'Ordre insigne de la Toison d'or, de l'Ordre du Saint-Esprit en France, Gentilhomme, avec exercice, de S. M. Catholique, Capitaine-Général des Armées du Roi, et ci-devant son Ambassadeur à la Cour de France, est né à Siamo, Baronnie du Royaume d'Aragon, le Ier août 1719.

Le nom de M. le Comte d'Aranda a acquis une telle célébrité en Europe, qu'il suffit de le prononcer pour donner l'idée d'un Administrateur du premier ordre, d'un Négociateur habile, et d'un Militaire dont la valeur et la loyauté ne cédèrent en rien à ses compatriotes les plus illustres.

On aime à voir une réunion de qualités aussi précieuses dans le descendant des Princes de Souabe et des Rois d'Aragon, et c'est alors qu'on sent vivement tout l'avantage que donne une grande naissance, lorsqu'elle est jointe aux vertus qui ne devroient jamais en être séparées.

Mais n'oublions pas que nos lecteurs n'attendent de nous que des détails biographiques, et que les hommes qui ont droit à l'immortalité, doivent s'offenser des éloges de leurs contemporains : la modestie est la compagne fidèle de la véritable grandeur.

En 1733, le père de M. le Comte d'Aranda partant pour la guerre d'Italie, le mit au collège des Jésuites à Parme. Il ne débuta dans la carrière militaire qu'après cette guerre.

En 1743, l'armée espagnole rentrant en Italie, il fit la campagne, successivement en qualité de Colonel, de Brigadier et de Maréchal-de-Camp. Il s'y distingua d'une manière surprenante, et sa bravoure fit l'admiration de l'armée espagnole, où la bravoure étoit cependant bien commune.

Le 16 juin 1746, atteint d'un coup de feu à la bataille de Plaisance, il oublia pendant deux mois du plus pénible exercice, le pansement et le danger d'une blessure si profonde, que ses nerfs étoient à découvert. Elle sembla le rendre plus téméraire encore au combat de Tidone ou Rotofredo, le 10 août.

La même année, M. le Comte d'Aranda apprit sa nomination à la place de Gentilhomme de la Chambre, qu'il n'avoit pas sollicitée.

Il sentit bientôt le besoin de comparer les mœurs et les usages des Nations. Il voyagea en France, en Angleterre et en Allemagne, recherchant par-tout les hommes utiles, et montrant cette curiosité louable, qui annonce en même temps l'instruction et le désir de l'augmenter. Dans tout le cours de ses voyages, il ne négligea point de confier ses recherches et ses observations à des tablettes précieuses que sa modestie a dérobées aux applaudissemens du public.

De retour en Espagne, il fut envoyé en Portugal en qualité d'Ambassadeur extraordinaire, pour témoigner à cette cour tout l'intérêt que prenoit S. M. CATHOLIQUE au désastre affreux de Lisbonne, et offrir, en son nom, tous les services que sembloient solliciter, dans ce moment de trouble et de malheurs, l'amitié, le voisinage et l'humanité.

M. le comte D'ARANDA, quoique très-jeune, montra combien il étoit digne de parcourir la nouvelle carrière qui lui étoit ouverte. Il satisfit également, et sa Cour, et celle auprès de laquelle il étoit envoyé, par une droiture sans équivoque, par une réserve ennemie de cette astuce politique, qui n'est que le partage des négociateurs sans talens, enfin par une sagacité rare qui lui apprenoit à connoître les hommes et à traiter avec eux. Il en fut récompensé par l'Ordre de la Toison d'or en 1756 : il fut ensuite nommé Lieutenant-Général des armées, et Directeur de l'artillerie et du génie.

Il sembloit qu'en lui accordant de nouvelles dignités, on cherchât à découvrir en lui de nouveaux talens, et jamais l'espérance n'étoit trompée. M. D'ARANDA étoit toujours l'homme de la place qui lui étoit confiée, et depuis long-temps on n'avoit eu un Directeur de l'artillerie et du génie, qui réunît plus de connoissances. Souvent il mettoit en défaut par ses questions et ses conseils l'art des fondeurs habiles qu'il avoit choisis.

Mais son génie se trouvant trop resserré par les bornes qui lui étoient prescrites, M. D'ARANDA, fatigué des obstacles qu'on lui opposoit, demanda sa retraite, et, comme il n'avoit jamais été guidé par l'ambition, il y trouva des douceurs.

CHARLES III prit enfin le sceptre des Espagnes. Il fut proclamé en 1759. En débarquant à Barcelone, il vit M. le Comte D'ARANDA, et, juste appréciateur de son mérite et de ses services, il le rendit à ses premières fonctions, en lui conservant le rang d'ancienneté de ses grades.

En 1760, il fut nommé à l'ambassade de Pologne, et laissa dans ce pays, en le quittant, un long souvenir de ses talens et de sa magnificence.

La guerre s'étant allumée en Portugal, il s'y distingua sous les ordres du Marquis DE SARIA, qui eut bientôt un successeur désigné. M. D'ARANDA commanda d'abord sans titre ostensible, et le commandement lui fut ensuite exclusivement confié.

Une nouvelle récompense étoit due à de nouveaux services, et on lui conféra le grade de Capitaine-Général, qui équivaut à celui de Maréchal de France.

L'état

L'état étoit pacifié au dehors, mais il n'étoit pas aussi tranquille dans son intérieur. M. D'ARANDA fut encore employé dans cette occasion, et on dut le rétablissement de l'ordre à l'éclat de son nom, et à la réputation qu'il s'étoit acquise.

On eût dit qu'il existoit entre le souverain et le sujet, une émulation de services et de récompenses. En 1766, le Roi renouvela, en faveur de M. D'ARANDA, un grade suprême, qui réunissoit le double pouvoir des armes et de la magistrature; il lui donna la présidence de Castille.

Le Conseil de Castille, le plus ancien de la monarchie, établi en 1245, par FERDINAND III, jouit des plus grands honneurs. Le Roi l'appelle *Notre Conseil;* il est dépositaire des lois fondamentales du Royaume; il est chargé de la grande police de l'état, et juge souverainement dans les affaires contentieuses; on s'y pourvoit, non-seulement par appel des audiences royales ou des tribunaux inférieurs, mais encore en cassation des arrêts des Chancelleries ou Cours Souveraines; on doit remettre dans les archives de ce Conseil un exemplaire de tous les livres qui s'impriment; il a le droit de nommer aux chaires des Universités de Salamanque, de Valladolid et d'Alcala, qui sont les trois premières de l'Espagne; il nomme aux places de magistrature, et reçoit le serment des avocats.

Le chef de ce Tribunal a le titre de Président ou Gouverneur. Le Président doit toujours être un Grand-d'Espagne; lorsqu'il paroît en public, il a des prérogatives particulières. Depuis long-temps cette place n'avoit point été remplie, lorsqu'on la renouvela en faveur de M. D'ARANDA. Comme il y réunissoit celle de Capitaine-Général de toute la Castille, il l'exerça avec une autorité qui ne cédoit qu'à celle du Souverain.

Mais il n'usa jamais des graces multipliées qui lui furent accordées, que pour le service de son Roi, et le bien de son pays. Il exerça pendant sept ans l'autorité qui lui étoit confiée, avec la sagesse et l'énergie que donne la réunion des talens et des vertus. On le vit occupé, jour et nuit, du bien public, recevoir dans tous les temps et à toute heure ceux qui recouroient à sa justice; il donna quelquefois six audiences par jour, et personne n'en sortoit avec le moindre mécontentement. Il créa, en quelque sorte, la police de Madrid, et la rendit une des villes les plus propres, les plus sures et les plus agréables de l'Europe. C'est à sa prudence et à ses soins, que l'on dut la révolution du 31 mars 1767, qui détruisit dans toutes les terres Espagnoles une société fameuse dont on redoutoit la force et les principes; il rendit aux moines des mœurs plus analogues à leur état; il réprima l'abus de l'asyle, que les plus odieux criminels trouvoient dans les églises; il affermit l'autorité souveraine contre les prétentions du Saint-Siège; enfin il obtint, en 1770, une cédule royale, qui bornoit la jurisdiction de l'inquisition aux

I

seuls crimes de l'hérésie contumace et de l'apostasie, et lui défendoit de faire subir aux sujets de S. M. l'opprobre de la prison, à moins que leurs crimes ne fussent évidemment prouvés.

La retraite de M. le Comte d'ARANDA suivit de près. Différentes causes, que nous ne saurions développer, lui firent quitter la Présidence de Castille, pour aller occuper, en 1773, l'Ambassade de France, où sa réputation l'avoit précédé, et qu'il a terminée d'une manière si glorieuse, par une paix dont il a été un des principaux arbitres.

Dessiné par Bonneau.   Gravé par Hubert.

Mme. MACAULAY.

CETTE célèbre historienne de l'Angleterre, est petite-fille de M. JACOB SAWBRIDGE, Négociant de Londres, l'un des Directeurs de la trop fameuse compagnie de la mer du Sud, qui reproduisit, en 1720, en Angleterre, les mêmes scènes d'extravagance et de désordre, que le système de LAW avoit causées l'année précédente à Paris. Trompée par les manœuvres de cette compagnie, la nation demanda vengeance, et l'obtint du Parlement. Presque tous ceux qui avoient eu part à cette entreprise furent jugés, condamnés, perdirent leurs places et leurs biens. M. SAWBRIDGE fut du nombre, quoique sa probité fût incontestable, quoiqu'il se fût justifié d'avoir eu part au manège de l'agiotage, quoiqu'il eût prouvé s'être opposé toujours aux moyens illicites employés par les Directeurs. Le Parlement pour satisfaire la nation irritée, crut devoir envelopper dans la peine qu'il prononça, l'innocent avec le coupable. (1).

On a dit, il y a long-temps, que la vie des grands hommes est dans leurs écrits : aussi n'est-ce que sous ce point de vue que nous parlerons de Mme. MACAULAY. Élevée dans une maison depuis long-temps distinguée par son patriotisme, et son goût pour la liberté, elle contracta de bonne heure l'esprit indépendant, et l'habitude des vertus que ce goût entraîne. Elle se familiarisa de bonne heure avec les histoires des anciennes républiques, et fit son étude favorite de celle de sa patrie. Cette sorte de lecture, et les méditations qu'elle lui fit naître, imprimèrent à son caractère un air de grandeur et d'austérité, qui distingue les défenseurs de la liberté à Rome, les CATONS, les BRUTUS. On diroit en la voyant, que c'est la PORTIA de l'Angleterre. Il y a dans ses regards je ne sais quoi de fier, d'imposant, qui force les esprits à la réflexion devant elle, qui les dégage, et qui les fait rougir de toute idée frivole ou légère.

Cette ardeur, ces dispositions pour la liberté, furent encore nourries et augmentées par plusieurs patriotes anglois, qui formèrent d'heureux présages sur les connoissances, la fermeté, le caractère de cette jeune Angloise. De ce nombre fut le docteur WILSON, riche bénéficier, célèbre en Angleterre par son idolâtrie pour le gouvernement républicain, et qui sacrifia toute sa vie, ses pensées et ses richesses à son amour pour sa patrie et pour le bien. Il s'empressa de cultiver ce talent naissant, et l'élève surpassa son attente.

---

(1) Voyez ces faits détaillés dans l'ouvrage de Mme. MACAULAY, intitulé : *the History of England from the revolution to the present times*, vol. in-4°., pag. 306.

L'élégant HUME, remplissoit alors l'Angleterre de sa renommée ; son histoire étoit dans toutes les mains. On la citoit par tout comme un modèle de grace, de philosophie et de saine politique. De Londres, sa réputation s'étendit jusques dans le continent ; il y trouva des prôneurs, des adorateurs, même dans le parti des philosophes.

Les Whighs, le parti de l'opposition, et en général les bons esprits attachés à la constitution angloise, et ennemis des abus de l'oppression, ne partagèrent pas cet engouément pour l'histoire de HUME. Ils furent révoltés de la partialité qu'il affichoit en faveur de la couronne et du ministère, et madame MACAULAY prit la plume pour venger-le patriotisme, et soutenir les bons principes. Elle s'attacha à l'époque de l'histoire d'Angleterre, qui est la plus féconde en grands événemens, qui a vu paroître plus de grands hommes, et où les principes de la société et du gouvernement ont été plus vigoureusement débattus ; c'est le règne des STUARTS. Elle embrassa dans ses travaux toute cette période intéressante, c'est-à-dire, celle qui s'est écoulée depuis l'avénement de JACQUES Ier. au trône de l'Angleterre, en 1604, jusqu'à l'expulsion de JACQUES II, en 1688. Huit volumes in-4°. furent le fruit de ses recherches immenses et de ses travaux opiniâtres (1). Ils furent reçus avec le plus vif enthousiasme ; ils furent applaudis, même par ceux qui étoient dans le parti contraire au sien. Chaleur dans le récit, énergie de patriotisme, impartialité dans les jugemens, vivacité d'imagination, force dans les idées, on convint qu'elle réunissoit toutes ces qualités, et que sur tout plus qu'aucun autre historien, elle avoit toujours eu en vue le bien du peuple, ce bien, l'unique de tout bon gouvernement, ce bien auquel l'histoire doit ramener toutes les actions des hommes pour les juger sainement ; on convint qu'elle avoit sans distinction de parti ni de rang, flétri du sceau de l'ignominie tous les traîtres à leur patrie et à leur constitution.

On a reproché à cette historienne une partialité trop marquée pour le républicanisme. Mais pouvoit-elle s'en défendre, quand elle avoit à peindre les excès tyranniques qui signalèrent les ministères des BUCKINGHAM, des LAUD-STRAFFORD, etc. La partialité pour ce système fait l'éloge de son ame et de sa tête. La partialité pour les personnes deshonore seule l'historien. Mais MME. MACAULAY n'en est pas coupable. Voyez les portraits qu'elle fait des ennemis du bien public, des défenseurs de la prérogative. Ne donne-t-elle pas une larme à la mémoire du fanatique LAUD ? Ne peint-elle pas dans tous leur éclat les vertus pacifiques et domestiques de JACQUES II ? Ne convient-elle pas que les défenseurs de la liberté, que les droits de l'homme furent plus d'une fois mécontens et violés par ceux-mêmes qui

---

(1) *The History of England etc,, by* CATH. MACAULAY, 8 vol. in-4°., chez DILLY, à Londres.

s'affichoient pour les partisans du droit anglois? C'est le respect pour le droit sacré que l'homme tient de la nature qui caractérise cette histoire, qui la met bien au-dessus de l'élégant tableau de HUME, chez qui l'esprit courtisan a souvent altéré ou effacé les couleurs de la vérité.

On a voulu dérober à Mme MACAULAY la gloire de cet ouvrage : calomnie ordinaire à l'envie, quand l'éclat de la gloire d'une femme l'éblouit; calomnie usée, qui naît, circule, est accueillie sans preuves, par les hommes et par les femmes, parce que cette injustice venge l'amour-propre des uns et des autres. Mme MACAULAY a justifié les femmes du reproche qu'on leur fait de ne pouvoir s'élancer dans la carrière des sciences, de ne produire rien de grand, rien d'utile; elle a eu le courage de fouiller dans les nombreux monumens de l'Histoire d'Angleterre, de comparer tant d'écrivains fanatiques, ennuyeux, prolixes, que les temps de parti ont fait éclorre; elle a eu le courage de s'écarter de la route des autres historiens, de s'en frayer une nouvelle, de censurer les principes serviles de HUME, de braver l'opinion publique qu'il avoit su captiver : elle a eu ce courage; gloire lui en soit rendue. Elle a découvert, elle a dit des vérités; elle les a dites avec énergie.

Le même esprit de patriotisme lui dicta l'histoire (1) abrégée des événemens qui succédèrent à la révolution de 1688, et qui embrassèrent l'espace, depuis cette époque jusqu'en 1740. Il faut convenir cependant que cette histoire fait naître un moindre degré d'intérêt; mais c'est moins la faute de l'historienne que des événemens mêmes. Elle n'avoit à décrire que des guerres continentales ou les débats d'un Parlement. successivement corrompu par d'infames ministres : cependant le courage et la chaleur qui caractérisent ses discussions, en font disparoître la sécheresse.

MME. MACAULAY ne borna pas ses travaux à cette histoire. Elle aimoit trop son pays, pour ne pas prendre part aux divisions qui le déchiroient, pour ne pas censurer quelquefois le parti qui l'entraînoit vers sa ruine. Ce fut dans cette vue patriotique qu'elle publia différentes dissertations, une entre autres, où elle renversoit les principes abominables de HOBBES, ce défenseur des tyrans (2).

Un bon patriote, un bon républicain, est nécessairement un homme croyant en Dieu et dans une vie future; et la défense des droits de l'homme, et la haine des tyrans mènent presque toujours vers la connoissance, l'amour et la défense de la divinité. C'est ce que prouva Mme MACAULAY, après avoir fini son histoire de l'Angleterre; elle s'occupa du système de l'immatéria-

---

(1) Voyez l'ouvrage ci-devant cité sous le titre de the *History of England*, etc.

(2) *Loose remarks on certain positions to be found* in *M. Hobbes, in a Letter to signor Paoli*, by CATH. MACAULAY, 3 édit. in-4°.

K

lité et de l'immortalité de l'ame, et publia, en 1783, un ouvrage in-8°. sur
ce sujet, qui fut loué par les Théologiens anglois, mais qui n'auroit pas
de mérite aux yeux des François, parce qu'il exige la connoissance préli-
minaire des différens systêmes produits sur ce sujet en Angleterre, systêmes
totalement inconnus en France.

Quoique tant de travaux, et une grande réputation, pussent faire par-
donner à Mme MACAULAY le repos, cependant son ame ardente est loin
de s'y abandonner. Son amour pour l'humanité l'a engagée dans d'autres
travaux. Elle s'occupe maintenant d'un ouvrage sur la Police; et le voyage
et le séjour qu'elle vient de faire dans les États-Unis, font présumer
qu'elle va consacrer la fin de sa vie à célébrer la révolution de l'Amérique.
— C'est un sujet qui appartient à sa plume républicaine; elle ne peut
terminer sa carrière par un ouvrage plus utile et plus digne de l'immortalité.

Mme MACAULAY a été mariée, en premières noces, à M. MACAULAY,
habile Chirurgien de Londres, qui a eu de la réputation dans l'art des
accouchemens. Il a laissé une fille, recommandable par ses qualités, et
qui existe.

Le second mari, actuellement vivant, de cette historienne, est M.
GRAHAM, frère du célèbre Docteur GRAHAM, qu'on auroit tort de juger
en France, d'après des pamphlets et de ridicules caricatures imprimés
dans les papiers anglois. C'est un vrai philosophe, appelé à resusciter le
beau systême du pithagoréisme.

Enfin cette dame a pour frère M. SAWBRIDGE, que ses talens ont porté
à la place de Maire de Londres, et bien connu dans le Parlement, par
ses discours et ses motions patriotiques.

Hommes illustres vivans.
M. WIELAND.
J. F. Heinsius pinxit.
F. Huot Sculp. 1788.

M. WIELAND.

LE nom de M. WIELAND est connu en France ; mais des traductions informes de deux ou trois de ses ouvrages les moins considérables, sont tout ce que nous possédons de cet auteur, le plus fécond et le plus brillant que l'Allemagne ait produit. Nourri de la lecture des anciens, profondément versé dans la littérature françoise, angloise, italienne et espagnole, inspiré par son propre génie, il s'est essayé dans plusieurs genres, et a réussi dans tous. En vain quelques-uns de ses compatriotes ont-ils cherché à l'imiter : aucun n'a pu parvenir à cette légèreté, cette originalité, cette grace, qui le caractérisent dans tous ses ouvrages.

Ces éloges acquerront encore plus de force par le témoignage d'un anonyme, qui a pris à tâche de rabaisser la littérature allemande, dans une brochure intitulée : *Tableau de l'Allemagne et de la littérature allemande*, imprimée en 1782. » Les ouvrages historico-poétiques de M. WIELAND, dit-il, font » honneur à la littérature allemande. Cet Auteur s'est approprié le génie des » Grecs, et on peut l'appeler le Lucien allemand. . . . On peut même dire » que, de tous les Poëtes allemands, c'est lui qui a le plus de fraîcheur dans » le coloris. . . . «.

C'est donc à juste titre que nous donnons à M. WIELAND, une place distinguée dans la suite des hommes illustres vivans, et nous désirons que cette notice, où nous indiquerons tous ses ouvrages, puisse engager quelques gens de lettres à nous en donner une traduction soignée.

CHRISTOPHE-MARTIN WIELAND, Conseiller de la Cour de S. A. S. Mgr. le Duc de WEIMAR, est né dans la ville impériale de Biberach, le 5 septembre 1733, d'une ancienne famille qui, à cette époque, y avoit rempli, depuis plus de 150 ans, les charges municipales les plus importantes. Dès sa troisième année, son père commença son éducation : il n'avoit guère plus de sept ans, qu'il lisoit déja avec le plus grand plaisir, les vies de CORNELIUS NEPOS, et, à treize, il entendoit HORACE et VIRGILE mieux que son maître. De douze à quatorze ans, il fit une quantité prodigieuse de vers latins et allemands, la plupart au-dessous du médiocre, de son propre aveu, mais qui annonçoient un goût décidé pour la poésie. Il commença même, à treize ans, un poème épique sur la destruction de Jérusalem.

L'année suivante, on l'envoya à Klosterberg, près de Magdebourg, école fameuse, alors sous l'inspection du fanatique STEINMETZ. Il y resta deux ans, et fit les plus grands progrès; mais son imagination active, imprégnée des idées d'enthousiasme puisées à cette école, se plut à chercher dans un monde chimérique, l'aliment que le monde réel lui refusoit encore, et, s'exerçant dans les terres inconnues de la métaphysique, le jeune WIELAND se dédommageoit par le commerce des intelligences, de ce que celui des hommes n'avoit pu lui offrir. Ce fut alors qu'il composa une dissertation, pour prouver la possibilité de la naissance de Vénus, de l'écume de la mer; dissertation qui lui procura quelques désagrémens à Klosterberg. *Xénophon*, le *Spectateur*, le *Tattler* et le *Guardian* étoient, dans ce moment, ses lectures favorites.

A seize ans, il alla à Erfurt, où il passa un an à l'école du docteur BAUMER. Ce savant augmenta beaucoup ses connoissances philosophiques, et, outre les leçons générales, lui en donna de particulières. Ce fut dans ces conférences privées qu'ils lurent ensemble *Don Quichotte*.

De retour à la maison paternelle, il y trouva Mlle. SOPHIE DE GUTERMAN (1), jeune personne aimable, qui reçut les premiers vœux de son cœur, et contribua peut-être plus que personne au développement de ses talens. Mais des circonstances particulières empêchèrent leur union, et, rempli du feu de l'amour le plus enthousiaste et le plus platonique, M. WIELAND, âgé de dix-sept ans, se rendit à Tübingen, pour y étudier la jurisprudence. Maîtrisé par une imagination ardente, et sans doute aussi par la conscience du talent, il s'enferma dans sa chambre, et dans l'espace d'un an et demi, il composa et publia ses premières Poésies. Ainsi la même année (1752), on eut de lui quatre ouvrages : 1°. *L'Anti-Ovide, ou l'Art d'Aimer*; 2°. *Lettres Morales en vers*; 3°. *Contes*; 4°. *La Nature des choses*, poème en six livres. Les trois premiers furent imprimés à Heilbronn, et le quatrième à Halle.

Ce dernier Poème, ouvrage de trois mois, offre un tableau de la philosophie de PLATON et de LEIBNITZ, ornée des plus brillantes couleurs. Il eut le plus grand succès, et fit sur-tout beaucoup de bruit en Suisse. Il procura à l'Auteur l'amitié de MM. BREITENGER et de BLAUEREN, auxquels il eut des obligations par la suite.

Il avoit envoyé au célèbre BODMER les cinq premiers chants d'un Poème, en vers hexamètres, intitulé *Arminius*, sans lui découvrir son nom. Pendant quelque temps, BODMER et HAGEDORN l'attribuèrent à différens Auteurs qui avoient de la réputation, lorsqu'enfin M. WIELAND, en se nommant,

---

(1) Mlle. DE GUTERMAN, épousa dans la suite M. DE LA ROCHE, Ministre à une Cour d'Allemagne, et c'est sous ce nom qu'elle est connue d'une manière si avantageuse dans la république des lettres, par des Ouvrages allemands et françois. On lui doit les *Mémoires de Mlle. de Sternheim*, *Les Caprices de l'amour et de l'Amitié*, etc.

prouva

prouva que c'étoit l'ouvrage d'un jeune homme à peine âgé de dix-neuf ans.

Telle fut l'origine de l'amitié que Bodmer conserva pour lui pendant long-temps. Il engagea notre jeune Poète à venir à Zurich, et M. Wieland s'empressa d'aller partager l'appartement du patriarche des Poètes allemands. *Abraham éprouvé* (*der-geprüfte Abraham*, 1783) fut le premier fruit de la réunion de leurs talens. *Les Lettres des morts* (*briefe der-verstorbenen* 1753) parurent ensuite : ouvrage dans le genre de Rowe, mais où l'on trouve plus d'imagination et de philosophie. M. Wieland publia aussi, la même année, les trois volumes du *Recueil des écrits polémiques de Zurich, pour l'amélioration du goût* (*Sammlung-der Zürcherischen Streitschriften*, etc. 1753).

L'année suivante, il donna un *traité sur les beautés de la Noachide*, poème épique de Bodmer (*Abhandlung von den Schœnheiten des epischen Gedichts dem Noah* 1754) et il publia, en société avec Bodmer, différens fragmens de poésies fugitives, dans le genre du conte.

En 1755, parut son *annonce d'une Dunciade pour les Allemands* (*Ankündigung einer Dunciade für-die Teutschen*). Il fit imprimer, en 1758, 1°. *des Remarques sur Milton* ; 2°. *Pensées sur le renouvellement du songe patriotique de la confédération* ; 3°. *souvenirs à une amie* ; 4°. *les Sympathies* ; 5°. *Lady Jeanne Gray*, tragédie ; et 6°. il commença le recueil de ses écrits en prose (1). On trouve dans ces différens ouvrages, la sensibilité exaltée de Pétrarque, réunie à la profondeur de la philosophie de Shaftsbury.

Un an après, M. Wieland publia *Araspe et Panthée*, histoire morale ; *Clémentine de Poretta*, tragédie ; et ses *écrits poétiques* furent rassemblés, pour la première fois, en 1762 (2) On remarque particulièrement dans ce recueil, *Cyrus*, poème héroïque, en grands vers, dans lequel le Poète parle le langage de Xenophon et de Platon.

M. Wieland vécut en Suisse, jusque vers le milieu de l'année 1759, et il passa la dernière année à Berne, où il reçut le même accueil qu'à Zurich. Ce séjour de sept ans en Suisse, et les liaisons intimes qu'il y forma, lui furent de la plus grande utilité.

En 1760, il fut rappelé dans sa patrie pour siéger au Sénat, et bientôt après on le choisit pour Greffier et Directeur de la Chancellerie de la ville. Il y resta jusqu'en 1769, et il consacra aux muses les loisirs que lui laissoient des occupations aussi éloignées de ses goûts. Lorsqu'il étoit à

---

(1) 1. *Anmerkungen zum Milton.* 2. *Gedanken über den Patriotischen Traum des Eidgenossenschaft zu verjüngern.* 3. *Erinnerungen an eine Freundinn.* Berlin, 1758. 4. *Sympathien.* Zürich, 1758. 5. *Lady Johanna Gray.* 6. *Sammlung prosaischer Schriften.* 2. B. 1758 à 1764, 1771.

(2) *Araspes und Panthea, eine Moralische Geschichte in einer Reihe von Erzœhlungen*, 1760. — *Clementina von Poretta*, Francfort, 1761. — *Poetische Schriften.* 3. B. Zürich, 1762. La seconde édition de ces Poésies, parut en 1770.

L.

Zurich , chez Bodmer , il avoit beaucoup étudié la littérature françoise, italienne et angloise ; il s'y étoit même adonné entièrement, ne lisant aucun ouvrage allemand , évitant sur-tout de lire les journaux écrits en cette langue. Jusqu'en 1768 , il n'eut aucun commerce avec les écrivains et les savans de l'Allemagne : il profita de cette espèce d'isolement , pour former différentes entreprises littéraires.

En 1762 , il commença la traduction complette de Shakespear , qu'il termina avec succès en 1766 , et qui forme huit volumes. En 1764 , il écrivit un roman agréable , qu'il intitula : *le triomphe de la nature sur le fanatisme,* ou *les aventures de Don Sylvio de Rosalva (Sieg-der Natur uber-die Schwærmerey.* Ulm. 1764. Leipzig. 1772. 2 vol.) livre que nous ne connoissons que par de mauvaises traductions, ou des extraits pitoyables, qui le défigurent et font méconnoître le but de l'auteur. Il n'en avoit point d'autre , que de porter un coup mortel à la superstition et au fanatisme.

Ses *contes comiques* (*komische Erzæhlungen.* Zurich, 1766. in-8°.) parurent en 1766. C'est la chronique scandaleuse de l'Olympe, revêtue du plus brillant coloris , et écrite avec la plume de Lucien.

Agathon (1) fut publié en 1766 et 1767. Ce roman, dont nous avons une traduction, ou plutôt un extrait peu digne d'être lu, est fait avec tant d'art, qu'il intéresse également l'ignorant et le philosophe.

Musarion ou *la Philosophie des Graces* , ouvrage dicté par les Graces elles-mêmes , et *Idris* , poème héroï-comique en cinq chants , aussi riche en aventures comiques , qu'en caractères variés et nuancés par un Poète philosophe , virent le jour en 1768 (2).

M. Wieland avoit d'abord eu beaucoup à combattre en arrivant à Biberach ; mais , peu à peu , il s'étoit attiré la confiance des deux religions, et il avoit gagné le cœur de tous ses concitoyens. Ils s'en séparèrent à regret, lorsqu'il accepta les titres de Conseiller du Gouvernement, et de Professeur de philosophie à l'Université d'Erfurt, qui lui furent offerts par l'Électeur de Mayence, Emmerich-Joseph. Il passa à Erfurt trois des plus agréables années de sa vie , et se mit au courant de la littérature allemande, qu'il avoit tellement négligée jusqu'alors, qu'il ignoroit même la réputation que ses ouvrages lui avoient faite en Allemagne.

Appelé ensuite à la Cour de Weimar, avec le caractère de Conseiller de cette Cour , il y mérita la faveur particulière de S. A. S. MME la Duchesse Douairière , Régente , et il eut la plus grande part à l'éducation des deux

---

(1) *Geschichte des Agathon* , Francfort et Leipzig, 1766 à 1767 , 2 vol. La seconde édition a été publiée à Leipzig, en 1773 , 4 vol.

(2) *Musarion, oder die Philosophie der Grazien,* 1768. La seconde édition est de 1770. Nous avons une imitation et une traduction de cet ouvrage. Cette dernière laisse encore beaucoup à désirer. Cependant c'est la moins mauvaise qui ait été faite des ouvrages de M. Wieland. — *Idris , ein heroischkomisches Gedicht,* Leipzig , 1768.

Princes, ses fils. Ses soins furent ensuite récompensés de manière à ce qu'il pût vivre dans l'aisance et la liberté, et consacrer aux muses le reste de sa carrière.

Nous avons oublié d'observer que M. WIELAND s'étoit marié le 21 octobre 1755. C'est ainsi qu'il parle, dans une lettre particulière, de la personne qu'il choisit alors pour compagne : « Les vingt-deux ans que j'ai passés » avec elle, dit-il, se sont écoulés, sans que j'aie désiré une seule fois de » n'être point marié : au contraire, son existence est tellement liée à la » mienne, que je ne puis m'en éloigner pendant huit jours, sans éprouver » les accès de la plus sombre mélancolie. De treize enfans qu'elle m'a » donnés, dix vivent encore, et font, avec leur mère, le bonheur de ma » vie, etc. «

Mais, reprenons la notice des ouvrages de M. WIELAND. En 1770, il publia, 1°. les *Dialogues de Diogène de Synope*, où la philosophie naturelle de DIOGÈNE est en opposition avec celle de SOCRATE, et qui sont remplis des histoires les plus intéressantes. Cette même année, il donna, en deux volumes, 2°. *Mémoires pour l'histoire particulière de l'esprit et du cœur humain, tirés des archives de la nature*, ouvrage précieux par les observations les plus profondes sur les passions des hommes, démontrées par des histoires et des voyages particuliers; 3°. *Combabus*, qui offre un mélange vraiment original de plaisanterie et de sensibilité; 4°. *les Graces*, que nous connoissons par des imitations (1).

Le nouvel Amadis (*der neue Amadis*, 2 vol.), histoire satyrique de Chevalerie, parut en 1771. On y retrouve les talens de son auteur, et une suite d'aventures qui plaisent, attachent et excitent souvent la gaieté.

L'année suivante, 1772, on vit éclorre quatre nouvelles productions de M. WIELAND ; 1°. *Le miroir d'or*, ou *histoire des Rois de Scheschian*, roman politique; 2°. *Pensées sur une ancienne inscription*, elles se distinguent par le ton satyrico-philosophique qui y règne; 3°. *L'amour accusé*, poème très-agréable, et 4°. *Aurora*, drame *chantant* (2).

En 1773, il publia deux nouveaux drames lyriques, *Alsceste*, imprimé à Leipzig, et le *Choix d'Hercule*, imprimé à Weimar. La même année, il entreprit *le Mercure allemand* (*der deutsche Merkur*), ouvrage périodique, qu'il continue encore avec le plus grand succès.

En 1777, il donna, en deux volumes, le recueil de ses plus nouvelles poésies de 1770, jusqu'à cette époque (*Neueste Gedichte vom Jahre* 1770 *bis* 1777,

---

(1) Σωκράτης μαινόμενος, oder *die Dialogen des Diogenes von Sinop*, Leipzig, 1770. — 2. *Beytrœge zur geheimen Geschichte des menschlichen Verstandes und Herzens*, etc., 1770. 3. *Combabus, eine Erzœhlung.* — 4. *Die Grazien.*

(2) 1. *Der goldne Spiegel*, oder, *die Kœnige von Scheschian, eine wahre Geschichte*, 1772, 4 vol. 2. *Gedanken über eine alte Aufschrit.* — 3. *Der verklagt Amor, ein Fragment.* — 4. *Aurora, ein Singspiel*, WEIMAR, 1772.

 # M. WIELAND.

2. vol.). Parut ensuite *Rosamonde* (*Rosamund*. Mannheim , 1778), drame lyrique.

Oberon, l'un des plus beaux ouvrages de M. WIELAND, fut publié en 1780. C'est une histoire de féerie, mais traitée comme un poëme épique. La richesse de l'imagination du Poëte, l'harmonie des vers, la variété prodigieuse des situations, n'y laissent rien à désirer.

En 1782, M. WIELAND donna une nouvelle édition, corrigée et augmentée, de ses *Abdérites*, (*die Abderiten*) dont la première étoit épuisée. En 1782, il traduisit les épitres D'HORACE, et joignit à sa traduction des introductions et des notes historiques ; en 1784, il fit un choix de ses poésies, et en forma un recueil dont nous avons déja sept volumes.

Après tant de travaux et tant de succès, M. WIELAND avoit acquis le droit de se reposer ; mais l'étude, son unique passion, et le désir d'être utile, ne le lui ont pas permis. Il s'est occupé d'une traduction de LUCIEN, qu'il a publiée cette année 1788, et qu'on peut regarder comme un chef-d'œuvre de style et d'exactitude.

Resserrés par les bornes qui nous sont prescrites, et le titre seul des ouvrages de M. WIELAND remplissant la plus grande partie de cette notice, nous n'avons pu lui donner tout l'intérêt qu'elle auroit eu, sans doute, si nous nous étions arrêtés à des détails particuliers sur sa personne et ses productions. Peut-être serons-nous plus heureux un jour : mais, en attendant, nos vœux seront remplis, si nous avons inspiré à nos compatriotes le désir d'avoir une traduction des ouvrages de M. WIELAND, et à M. WIELAND lui-même, l'idée de nous donner une édition complète et soignée de cette multitude de productions qui lui assurent un droit à l'immortalité.

9 782014 439298